ENTSCHULDIGUNG?
DA HABE ICH RESERVIERT.

Miguel Fernandez

Der helle BAHNSINN

Für:

Lappan

SAG MAL, WIE RUM HAST DU DEN PLAN IMMER GEHALTEN?

ICH WÜRDE JA AUCH LIEBER KRANK ZU HAUSE BLEIBEN, ABER IM BÜRO IST MOMENTAN SO UNGLAUBLICH VIEL ZU TUN.

WANN FÄHRT DER 9 UHR-ZUG?

SOLL ICH MEINE SCHUHE WIEDER ANZIEHEN?

DOCH, NATÜRLICH DÜRFEN FAHRGÄSTE IHRE GERÄTE IN DIE STECKDOSEN STECKEN...
DANN VERSTEHE ICH NICHT, WO IHR PROBLEM IST.

SIE HABEN DA EINE LÜCKE IM LEBENSLAUF.
DA WAR ICH MIT DER BAHN VON HANNOVER NACH OBERHAUSEN UNTERWEGS.

ENTSCHULDIGUNG, WO MACHT MAN DENN HIER DEN AUFGUSS?

JUNGER MANN, DAS IST NICHT DER RAUCHERBEREICH!
POLIZEI
2
POLIZE

ABER JA, ICH HABE EINEN HUND. SIND SIE BLIND?!

HACH! BAHNFAHREN! KEINE STAUS... KEINE AUFFAHRUNFÄLLE...

KANN SCHON SEIN, DASS ICH IHNEN BEKANNT VORKOMME. ABER NUN FAHREN SIE! FAHREN SIE!

WIESO ZEIGEN SIE MIR NUR EINE HALBE FAHRKARTE?!

JA UND? SIE ARBEITEN DOCH AUCH IN DER BAHN!

FÜR MICH SIEHT ER WIE JEMAND AUS, DER EINE FAHRKARTE DABEI HAT.
JA, LASSEN WIR IHN SCHLAFEN. MAN MUSS AUCH EINFACH MAL VERTRAUEN KÖNNEN.
KILL

VERDAMMTE GEWOHNHEIT!
ICH HABE DOCH HEUTE FREI!

MÖCHTEN SIE EINEN KAFF... EINE HEISSE, SCHWARZE FLÜSSIGKEIT, DIE MIT VIEL MILCH UND VIEL ZUCKER EINIGERMASSEN GENIESSBAR SCHMECKT?

DIESER TUNNEL NIMMT KEIN ENDE.
TUNNEL? DAS IST BOCHUM.

DINGE, DIE ICH GERN MAL TUN WÜRDE.
RECHTS STEHEN, LINKS GEHEN!!

NICHTS DAGEGEN, WENN HIER MAL JEMAND EINNICKT, ABER...

AUF GLEIS ACHT HAT EINFAHRT: DIE VERSPÄTETE REICHSBAHN G 12.

BIN ICH IN KACKE GETRETEN?
BIN ICH IN KACKE GETRETEN?
BIN ICH IN KACKE GETRETEN?
NIE WIEDER BOHNENEINTOPF!
1

MADAME VIOLA LAG ERSTAUNLICH OFT RICHTIG
IHR ZUG WIRD SICH VERSPÄTEN.

UND ICH HABE 11.000 PS, IHR PFEIFEN!

NACH EIN PAAR JAHREN ALS ZUGBEGLEITER WAR JAN S. ETWAS DÜNNHÄUTIG.
MO-NATS-KAR-
-TEN-MUSS-MAN-
-UN-TER-SCHREI-BEN!

HÖREN SIE, ICH KANN DOCH NICHTS DAFÜR, DASS DIESER ZUG NOCH NICHT IN DEN BAHNHOF EINFAHREN KANN, WEIL AUSGERECHNET IHR ANSCHLUSSZUG DAS GLEIS BLOCKIERT!

ACH JA, ICH BIN JA EBEN ZUM ZUG GERANNT.

NEIN, EINE FAHRKARTE KANN ICH IHNEN NICHT ZEIGEN, ABER ICH HABE HIER EINE EINTRITTSKARTE VOM OPELTREFFEN 1992 IN WANNE-EICKEL. NA, WAS SAGEN SIE JETZT?

NÄCHSTER HALT:
MORDOR HAUPTBAHNHOF
AH, HIER MUSS
ICH RAUS.

KÖNNTEN SIE BITTE AUFHÖREN, DIE TETRIS-MELODIE ZU SUMMEN?
1
2

MEIN HERR, AUCH WENN SIE GEBURTSTAG HABEN, MUSS ICH IHRE FAHRKARTE SEHEN.
STÜCK TORTE?

HEEE! SIND SIE VERRÜCKT GEWORDEN?!
NEIN, ICH BIN DER ERFINDER DER ANTI-ANREMPEL-JACKE!

PAPA, ALS DU AUF KLO WARST, HAT DER ZUG GANZ DOLL GEWACKELT!

GERADE NOCH SO DIE BAHN GEKRIEGT, WAS?

SIE WÜRDEN NICHT GLAUBEN, WIE OFT SO ETWAS WÄHREND BAHNSTREIKS PASSIERT.

ICH KOMME BALD! ICH KOMME BALD!
NIE WIEDER MIT EINEM VON DER BAHN!

NORMALERWEISE HABEN WIR JA NICHTS DAGEGEN, WENN MAN HIER MAL EINEN KLEINEN SNACK ZU SICH NIMMT...
...ABER?!

ZENTRALE? HIER IST SCHON WIEDER EIN HARRY POTTER-FAN GEGEN DEN PFEILER GERANNT.
Gleis 9
Gleis 10
2

HAST DU DIR DAS KENNZEICHEN GEMERKT?

HA! DIESE STEIFE KÖRPERHALTUNG... DER MÜRRISCHE GESICHTSAUSDRUCK... DIESER HERRISCHE TONFALL... SIE KÖNNTEN FAST EIN ECHTER SCHAFFNER SEIN!

Bevor **Miguel Fernandez** seinen Humor als Autor und Zeichner zum Beruf machte, wurde dieser als Berufspendler lange Zeit tagtäglich aufs Härteste beansprucht. Seine traumatischen Erfahrungen mit dem täglichen Bahnsinn verarbeitet er noch heute durch das Zeichnen von Cartoons. Zum Glück. Danke, Deutsche Bahn!

Miguel Fernandez' Bücher und Kalender erscheinen im Lappan Verlag. Mehr über Miguel und seine Arbeit unter: **miguelfernandez.de**

ISBN 978-3-8303-6314-9

Idee und Illustrationen: Miguel Fernandez | miguelfernandez.de
Herstellung: Christian Sonnhoff

FSC www.fsc.org
MIX
Papier aus verantwortungsvollen Quellen
FSC® C002795

Printed in Latvia
lappan.de